Devocionario Católico

Adolfo de Castro

PADRE NUESTRO

Padre nuestro, que estás en el cielo, santificado sea tu Nombre; venga a nosotros tu reino; hágase tu voluntad, en la tierra como en el cielo.

Danos hoy nuestro pan de cada día; perdona nuestras ofensas, como también nosotros perdonamos a los que nos ofenden; no nos dejes caer en la tentación, y líbranos del mal.

Amén.

LA SEÑAL DE LA CRUZ

Por la señal + de la Santa Cruz, de nuestros + enemigos

líbranos Señor, + Dios nuestro.

En el nombre del Padre, y del + Hijo, y del Espíritu Santo.

Amén.

EL AVE MARÍA

Dios te salve, María, llena eres de gracia; el Señor es contigo; bendita Tú eres entre todas las mujeres, y bendito es el fruto de tu vientre, Jesús.

Santa María, Madre de Dios, ruega por nosotros, pecadores, ahora y en la hora de nuestra muerte.

Amén.

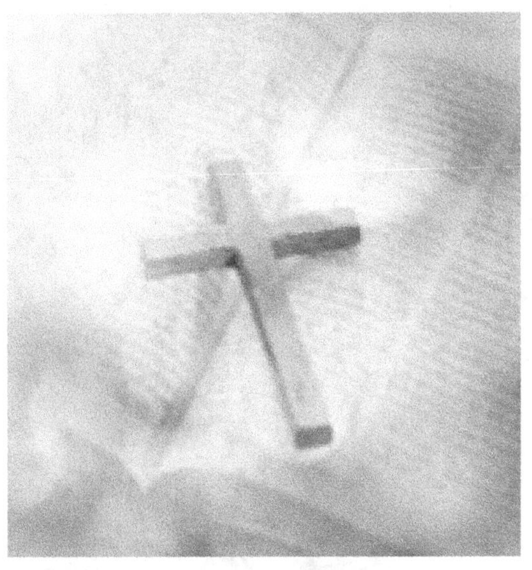

GLORIA

Gloria al Padre y al Hijo y al Espíritu Santo.

Como era en el principio, ahora y siempre, por los siglos de

los siglos.

Amén.

SALVE

Dios te salve, Reina y Madre de misericordia, vida y dulzura y esperanza nuestra: Dios te salve.

A ti llamamos los desterrados hijos de Eva; a ti suspiramos, gimiendo y llorando en este valle de lágrimas.

Ea, pues, Señora abogada nuestra, vuelve a nosotros esos tus ojos misericordiosos y, después de este destierro, muéstranos a Jesús, fruto bendito de tu vientre.

¡Oh clementísima! ¡Oh piadosa! ¡Oh dulce Virgen María!
Ruega por nosotros santa Madre de Dios, para que seamos
dignos de alcanzar las promesas de nuestro Señor Jesucristo.
Amén.

AL ÁNGEL CUSTODIO

Ángel de Dios, que eres mi custodio, pues la bondad divina
me ha encomendado a ti, ilumíname, dirígeme, guárdame.
Amén.

AL ÁNGEL DE LA GUARDA

Ángel de mi guarda dulce compañía, no me desampares ni
de noche ni de día.
No me dejes sólo que sin ti me perdería.
Amén.

A LA SAGRADA FAMILIA

Jesús, José y María, os doy el corazón y el alma mía. Jesús,
José y María, asistidme en mi última agonía. Jesús, José y
María, con vos descanse en paz el alma mía.

EL CREDO

Creo en un sólo Dios, Padre Todopoderoso, Creador del cielo y de la tierra, de todo lo visible y lo invisible.

Creo en un sólo Señor, Jesucristo, Hijo único de Dios nacido del Padre antes de todos los siglos: Dios de Dios, Luz de Luz, Dios verdadero de Dios verdadero, engendrado, no creado, de la misma naturaleza del Padre, por quien todo fue hecho; que por nosotros, los hombres, y por nuestra salvación bajo del cielo, y por obra del Espíritu Santo se encarnó de María, la Virgen, y se hizo hombre; y por nuestra causa fue crucificado en tiempos de Poncio Pilato; padeció y fue sepultado, y resucitó al tercer día, según las Escrituras, y subió al cielo, y está sentado a la derecha del Padre; y de nuevo vendrá con gloria para juzgar a vivos y muertos, y su reino no tendrá fin.

Creo en el Espíritu Santo, Señor y dador de vida, que procede del Padre y del Hijo, que con el Padre y el Hijo recibe una misma adoración y gloria, y que habló por los profetas.

Creo en la Iglesia, que es una, santa, católica y apostólica.

Confieso que hay un sólo Bautismo para el perdón de los pecados.

Espero la resurrección de los muertos y la vida del mundo futuro.

Amén.

ANTES DE LA COMIDA

Señor Dios, te damos gracias porque nos haces partícipes de tus maravillas; te alabamos por los dones de tu amor y te bendecimos por la amistad que nos concedes vivir en torno a esta mesa.

Que esta comida en sencillez de corazón y en alegría sea profecía del banquete del reino.

Por Jesucristo, nuestro Señor.

Amén.

BENDICIÓN DE LA COMIDA

Bendícenos, Señor, y bendice éstos alimentos que recibimos de tu generosidad.

Te lo pedimos por Cristo Nuestro Señor.

Amén.

DESPUÉS DE LA COMIDA

Nos hemos saciado, Señor, con los bienes que nos has dado; cólmanos también de tu misericordia.

Tú que vives y reinas por los siglos de los siglos.

Amén.

YO CONFIESO (ACTO PENITENCIAL)

Yo confieso ante Dios Todopoderoso, y ante vosotros hermanos que he pecado mucho de pensamiento, palabra, obra y omisión.

Por mi culpa, por mi culpa, por mi gran culpa.

Por eso ruego a Santa María siempre Virgen, a los ángeles, a los santos y a vosotros hermanos, que intercedáis por mí ante Dios, Nuestro Señor.

Amén.

ACTO DE CONSTRICCIÓN

Señor mío, Jesucristo, Dios y hombre verdadero, Creador, Padre y Redentor mío; por ser Vos quien sois, Bondad infinita, y porque os amo sobre todas las cosas, me pesa de todo corazón de haberos ofendido; también me pesa porque podéis castigarme con las penas del infierno.

Ayudado de vuestra divina gracia, propongo firmemente nunca más pecar, confesarme, y cumplir la penitencia que me fuere impuesta.

Amén.

MAGNIFICAT

Proclama mi alma la grandeza del Señor, y se alegra mi espíritu en Dios, mi Salvador; porque ha mirado la humillación de su esclava.

Desde ahora me felicitarán todas las generaciones, por el Poderoso ha hecho obras grandes en mí: su nombre es santo, y su misericordia llega a sus fieles de generación en generación.

Él hace proezas con su brazo: dispersa a los soberbios de corazón, derriba del trono a los poderosos y enaltece a los humildes, a los hambrientos los colma de bienes y a los ricos los despide vacíos.

Auxilia a Israel, su siervo, acordándose de la misericordia como lo había prometido a nuestros padres en favor de Abraham y su descendencia por siempre.

HAZME INSTRUMENTO DE TU PAZ
(ORACIÓN FRANCISCANA)

Señor, haz de mí un instrumento de tu paz.

Que allá donde hay ofensa, yo ponga el perdón.

Que allá donde hay error, yo ponga la verdad.

Que allá donde hay duda, yo ponga la Fe.

Que allá donde desesperación, yo ponga la esperanza.

Que allá donde hay tinieblas, yo ponga la luz.

Que allá donde hay tristeza, yo ponga la alegría.

Oh Señor, que yo no busque tanto ser consolado, sino consolar, ser comprendido, sino comprender, ser amado, sino amar.

Porque es dándose como se recibe, es olvidándose de sí mismo como uno se encuentra a sí mismo, es perdonando, como se es perdonado, es muriendo como se resucita a la vida eterna.

Amén.

ORACIÓN DE SAN AGUSTÍN AL ESPÍRITU SANTO

Ven a mí, Espíritu Santo, dame mirada y oído interior para que no me apegue a las cosas materiales, sino que busque siempre las realidades del Espíritu.

Ven a mí, Espíritu Santo, Espíritu de amor:
haz que mi corazón siempre sea capaz de más caridad.

Ven a mí, Espíritu Santo, Espíritu de verdad:
concédeme llegar al conocimiento de la verdad en toda su plenitud.

Ven a mí, Espíritu Santo, agua viva que lanza a la vida eterna:
concédeme la gracia de llegar a contemplar el rostro del Padre en la vida y en la alegría sin fin.

Amén.

CAMINAR EN EL ESPÍRITU

Espíritu Santo,

eres viento: llévame donde quieras;

eres brisa: déjame respirar lo nuevo;

eres fuerza: levántame del suelo;

eres vida: dame pasión por la vida;

eres alimento: nútreme de tu savia;

eres luz: ilumíname con tus rayos;

eres calor: calienta mi existencia;

eres libertad: hazme libre;

eres fecundidad: cúbreme con tu sombra;

eres agua viva: dame de beber;

eres respuesta: dame fuerza para decir sí

al Padre, al Hijo y a ti, Espíritu Santo.

PADRE ME PONGO EN TUS MANOS

Padre, me pongo en tus manos,

sea lo que sea, te doy las gracias.

Estoy dispuesto a todo,

lo acepto todo,

con tal que tu voluntad se cumpla en mí,

y en todas tus criaturas.

No deseo nada más, Padre.

Te confío mi alma,

te la doy con todo el amor

de que soy capaz,

porque te amo.

Y necesito darme,

ponerme en tus manos sin medida,

con una infinita confianza,

porque Tú eres mi Padre.

NADA TE TURBE (SANTA TERESA DE JESÚS)

Nada te turbe,

nada te espante,

todo se pasa,

Dios no se muda.

La paciencia todo lo alcanza

quien a Dios tiene

nada le falta:

¡Solo Dios basta!

OH, LLAMA DE AMOR VIVA (SAN JUAN DE LA CRUZ)

¡Oh llama de amor viva,

que tiernamente hieres

de mi alma en el más profundo centro!;

pues ya no eres esquiva,

acaba ya, si quieres;

rompe la tela de este dulce encuentro.

¡Oh cauterio suave!

¡Oh regalada llaga!

¡Oh mano blanda! ¡Oh toque delicado!,

que a vida eterna sabe

y toda deuda paga;

matando, muerte en vida la has trocado.

¡Oh lámparas de fuego,

en cuyos resplandores

las profundas cavernas del sentido,

que estaba oscuro y ciego,

con extraños primores,

calor y luz dan junto a su Querido!

¡Cuán manso y amoroso

recuerdas en mi seno,

donde secretamente solo moras,

y en tu aspirar sabroso de bien y gloria lleno,

cuán delicadamente me enamoras!

CÁNTICO DEL HERMANO SOL (SAN FRANCISCO DE ASÍS)

Altísimo, omnipotente, buen Señor,

tuyas son las alabanzas, la gloria y el honor y toda

bendición.

A ti solo, Altísimo, corresponden,

y ningún hombre es digno de hacer de ti mención.

Loado seas, mi Señor, con todas tus criaturas,

especialmente el señor hermano Sol,

el cual es día y por el cual nos alumbras.

Y él es bello y radiante con gran esplendor,

de ti, Altísimo, lleva significación.

Loado seas, mi Señor, por la hermana Luna y las Estrellas,

en el cielo las has formado luminosas y preciosas y bellas.

Loado seas, mi Señor, por el hermano Viento,

y por el Aire y el Nublado y el Sereno y todo tiempo,

por el cual a tus criaturas das sustento.

Loado seas, mi Señor, por la hermana Agua,

la cual es muy útil y humilde y preciosa y casta.

Loado seas, mi Señor, por el hermano Fuego,

por el cual alumbras la noche,

y él es bello y alegre y robusto y fuerte.

Loado seas, mi Señor, por nuestra hermana la madre Tierra,

la cual nos sustenta y gobierna,

y produce diversos frutos con coloridas flores y hierba.

Loado seas, mi Señor, por aquellos que perdonan por tu
amor,

y soportan enfermedad y tribulación.

Bienaventurados aquellos que las soporten en paz,

porque por ti, Altísimo, coronados serán.

Loado seas, mi Señor, por nuestra hermana la Muerte

corporal,

de la cual ningún hombre viviente puede escapar.

¡Ay de aquellos que mueran en pecado mortal!

Bienaventurados aquellos a quienes encuentre en tu

santísima voluntad,

porque la muerte segunda no les hará mal.

Load y bendecid a mi Señor,

dadle gracias y servidle con gran humildad.

BENEDICTUS

La Iglesia nos propone para el comienzo del día la oración

del **Benedictus**:

Bendito sea el Señor, Dios de Israel,

porque ha visitado y redimido a su pueblo,

suscitándonos una fuerza de salvación

en la casa de David, su siervo,

según lo había predicho desde antiguo

por boca de sus santos Profetas.

Es la salvación que nos libra de nuestros enemigos

y de la mano de todos los que nos odian;

realizando la misericordia

que tuvo con nuestros padres,

recordando su santa alianza

y el juramento que juró a nuestro padre Abrahán.

Para concedernos que, libres de temor,

arrancados de la mano de los enemigos,

le sirvamos con santidad y justicia,

en su presencia, todos nuestros días.

Y a ti, niño, te llamarán profeta del Altísimo,

porque irás delante del Señor

a preparar sus caminos,

anunciando a su pueblo la salvación,

el perdón de sus pecados.

Por la entrañable misericordia de nuestro Dios,

nos visitará el sol que nace de lo alto,

para iluminar a los que viven en tinieblas

y en sombra de muerte,

para guiar nuestros pasos

por el camino de la paz.

Gloria al Padre, y al Hijo, y al Espíritu Santo.

Como era en el principio, ahora y siempre,

por los siglos de los siglos. Amén.

PARA PEDIR SALUD Y LAS BENDICIONES DE DIOS PARA EL MAÑANA

✝ *Padre mío, en tus manos dejo mi canasta vacía para que la llenes con lo que necesito, en tu tiempo perfecto y según tu voluntad. Tuyo es el poder, el reino y la gloria por siempre, Amén.*

✝ *SEÑOR reconozco que sin Ti nada puedo, pero también sé que si Tú estás conmigo todo lo puedo; por eso me humillo ante Tú presencia y te pido que aumentes mi Fe.*

✝ *SEÑOR te doy las gracias por lo vivido hoy y en Tus Manos confío mi mañana. Bendíceme a mí y a mi familia. Amén*

✝ *Vela sobre mí, PADRE amado mientras me entrego confiado al sueño, como un niño que duerme, feliz entre tus brazos, descansaré tranquilo.*

✝ *SEÑOR, no permitas que me quede donde estoy, ayúdame a llegar donde Tú quieres que yo llegue.*

✝ *Amado Dios, gracias por la dicha de vivir este nuevo día, porque abriste mis ojos a tu bella creación y porque Tú siempre me tomas de la mano y guías mis pasos por senderos de amor, alegría y prosperidad, Amén.*

✝ *SEÑOR, hoy te digo de todo corazón, GRACIAS por todas tus bendiciones, sé que estas en todo lo que realizamos. Te amo.*

✝ *SEÑOR, te pido que en esta noche, Tú amor llene mi corazón, Tu Espíritu llene mi mente y Tu presencia llene mi vida. Buenas noches.*

Amén.

✝ *Amado DIOS, Tú eres mi refugio, mi consuelo, mi guía y mi fortaleza. Solo Tú me das la paz que mi corazón necesita y sé que contigo este día será de bendiciones y bienestar. Amén.*

✝ *SEÑOR, cuando me sienta confundido guíame, cuando me sienta débil, fortaléceme. Nunca te apartes de mí.*

✝ *PADRE, gracias porque hoy y siempre, Tú eres mi confianza, mi paz y mi refugio secreto. Te amo SEÑOR.*

✝ *SEÑOR, hoy te necesito más que ayer, porque cada día que pasa por mi vida es otro día que necesito más de Ti.*

✝ *Gracias Señor por ayudarme a mí y a mi familia y Perdóname Dios mío, por las veces que me has visto triste, cuando tú me das todo para ser feliz. Protégenos y cuida de nosotros, como hasta ahora lo has hecho.*

✝ SEÑOR *en Tus manos colocamos todos nuestros deseos. Danos sabiduría para tomar las mejores decisiones. Bendice nuestra salud, trabajo y familia.*

✝ SEÑOR, *te pedimos de todo corazón que bendigas todos nuestros proyectos. Que vayas siempre delante de nosotros. Ábrenos los caminos de la vida y danos la luz que necesitamos.*

✝ SEÑOR JESÚS, *gracias por Tu amor inagotable, por Tu protección y tus bendiciones en nuestras vidas, danos un sueño profundo y reparador. Amén*

✝ SEÑOR, *hoy te entrego mis preocupaciones, mis proyectos, mis temores, mi vida, mi familia, mi trabajo. Llévame contigo de tu mano a Tiempos Mejores. Amén*

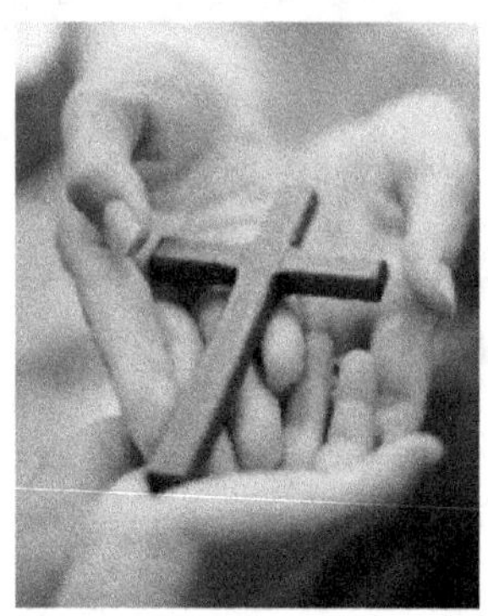

✝ *Gracias SEÑOR por este nuevo día. Te pido que vayas siempre con nosotros, bendice nuestro camino. Qué tomemos las mejores decisiones. Amén*

✝ *Gracias SEÑOR por este nuevo día Hoy será un día MARAVILLOSO en el nombre de JESÚS. Qué estés en todo lo que hagamos.*

✝ *Gracias Dios, porque hoy me desperté en mi casa con mi familia, no en un hospital, ni en una cárcel, no enfermo, ni solo. Gracias Dios, porque a pesar de mis errores me amas.*

✝ *SEÑOR JESÚS, en este día que comienza dejo en Tus manos, mis Proyectos y metas. Dame Tu sabiduría, Amor, Paz y Prosperidad. Amén.*

✝ *SEÑOR que hoy y siempre Tu gloria este sobre nuestra vida. Te lo pedimos de todo corazón. Eres nuestro primer pensamiento en la mañana.*

✝ *Gracias DIOS, por la maravillosa oportunidad de darme la vida hoy, por no soltar mi mano y mantenerme a Tu lado contra viento y marea.*

✝ *Gracias SEÑOR por despertarme esta mañana y permitirme seguir disfrutando de mi familia y de todo lo que Tú me das. Dame tu bendición y nunca te apartes de mí. Amén*

SANTO ROSARIO

MODO DE REZARLO

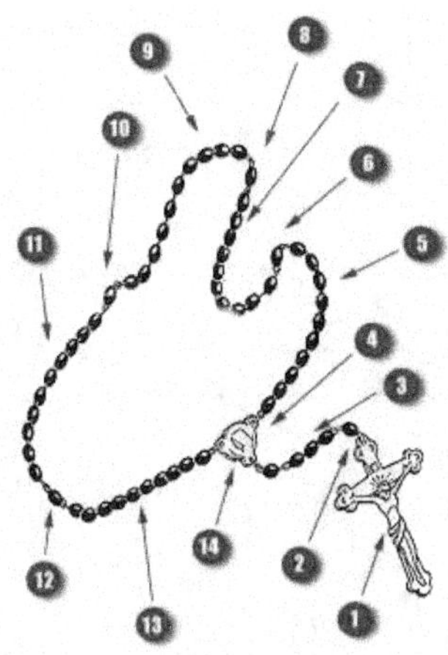

1. Hacer el signo de la cruz y rezar el símbolo de los apóstoles o el acto

de contrición

2. Rezar el Padrenuestro

3. Rezar 3 Avemarías y Gloria.

4. Anunciar el primer misterio. Rezar el Padrenuestro.

5. Rezar 10 Avemarías, Gloria y Jaculatoria.

6. *Anunciar el segundo misterio. Rezar el Padrenuestro.*

7. *Rezar 10 Avemarías, Gloria y Jaculatoria.*

8. *Anunciar el tercer misterio. Rezar el Padrenuestro.*

9. *Rezar 10 Avemarías, Gloria y Jaculatoria.*

10. *Anunciar el cuarto misterio. Rezar el Padrenuestro.*

11. *Rezar 10 Avemarías, Gloria y Jaculatoria.*

12. *Anunciar el quinto misterio. Rezar el Padrenuestro.*

13. *Rezar 10 Avemarías, Gloria y Jaculatoria.*

14. *Rezar la Salve.*

ORACIONES DEL ROSARIO

SEÑAL DE LA CRUZ

+Por la señal de la Santa Cruz, de nuestros enemigos líbranos Señor,

Dios nuestro. +En el nombre del Padre, y del Hijo, y del Espíritu

Santo. Amén.

SÍMBOLO DE LOS APÓSTOLES

Creo en Dios, Padre todopoderoso, Creador del cielo y de la tierra.

Creo en Jesucristo, su único Hijo, nuestro Señor, que fue concebido por obra y gracia del Espíritu Santo, nació de Santa María Virgen, padeció bajo el poder de Poncio Pilato, fue crucificado, muerto y sepultado, descendió a los infiernos, al tercer día resucitó de entre los muertos, subió a los cielos y está sentado a la derecha de Dios, Padre todopoderoso. Desde allí ha de venir a juzgar a vivos y muertos. Creo en el Espíritu Santo, la santa Iglesia católica, la comunión de los santos, el perdón de los pecados, la resurrección de la carne y la vida eterna. Amén.

ACTO DE CONTRICIÓN

Señor mío Jesucristo, Dios y Hombre verdadero, Creador, Padre y Redentor mío; por ser vos quien sois, bondad infinita, y porque os amo sobre todas las cosas, me pesa de todo corazón haberos ofendido;

también me pesa porque podéis castigarme con las penas del infierno.

Ayudado de vuestra divina gracia, propongo firmemente nunca más

pecar, confesarme y cumplir la penitencia que me fuere impuesta.

Amén.

PADRENUESTRO

Padre nuestro, que estás en el cielo, santificado sea tu Nombre; venga

a nosotros tu reino; hágase tu voluntad, en la tierra como en el cielo.

Danos hoy nuestro pan de cada día; perdona nuestras ofensas, como

también nosotros perdonamos a los que nos ofenden; no nos dejes caer

en la tentación y líbranos del mal. Amén.

AVEMARÍA

Dios te salve, María; llena eres de gracia; el Señor es contigo; bendita

Tú eres entre todas las mujeres, y bendito es el fruto de tu vientre,

Jesús. Santa María, Madre de Dios, ruega por nosotros pecadores,

ahora y en la hora de nuestra muerte. Amén.

GLORIA

Gloria al Padre, y al Hijo, y al Espíritu Santo.

Como era en el principio, ahora y siempre, y por los siglos de los siglos.

Amén.

JACULATORIAS

Puede usarse una de estas dos:

María, Madre de gracia, Madre de misericordia, defiéndenos de nuestros enemigos y ampáranos ahora y en la hora de nuestra muerte.

Amén.

Oh Jesús, perdónanos nuestros pecados, sálvanos del fuego del infierno y guía todas las almas al Cielo, especialmente aquellas que necesitan más de tu misericordia. (Oración de Fátima).

SALVE

Dios te salve, Reina y Madre de misericordia, vida, dulzura y esperanza nuestra; Dios te salve. A Ti llamamos los desterrados hijos de Eva; a Ti suspiramos, gimiendo y llorando, en este valle de lágrimas. Ea, pues, Señora, abogada nuestra, vuelve a nosotros esos tus ojos misericordiosos; y después de este destierro muéstranos a Jesús, fruto bendito de tu vientre. ¡Oh clementísima, oh piadosa, oh dulce siempre Virgen María!

Ruega por nosotros, Santa Madre de Dios, para que seamos dignos de alcanzar las promesas de Nuestro Señor Jesucristo.

Oración. Omnipotente y sempiterno Dios, que con la cooperación del Espíritu Santo, preparaste el cuerpo y el alma de la gloriosa Virgen y Madre María para que fuese merecedora de ser digna morada de tu Hijo; concédenos que, pues celebramos con alegría su conmemoración, por su piadosa intercesión seamos liberados de los males presentes y de la muerte eterna. Por el mismo Cristo nuestro Señor. Amén.

MISTERIOS DEL ROSARIO

MISTERIOS GOZOSOS *(lunes y sábado)*

1. La Encarnación del Hijo de Dios.

2. La Visitación de Nuestra Señora a Santa Isabel.

3. El Nacimiento del Hijo de Dios.

4. La Purificación de la Virgen Santísima.

5. La Pérdida del Niño Jesús y su hallazgo en el templo.

MISTERIOS DOLOROSOS *(martes y viernes)*

1. La Oración de Nuestro Señor en el Huerto.

2. La Flagelación del Señor.

3. La Coronación de espinas.

4. El Camino del Monte Calvario.

5. La Crucifixión y Muerte de Nuestro Señor.

MISTERIOS GLORIOSOS (miércoles y domingo)

1. La Resurrección del Señor.

2. La Ascensión del Señor.

3. La Venida del Espíritu Santo.

4. La Asunción de Nuestra Señora a los Cielos.

5. La Coronación de la Santísima Virgen.

MISTERIOS LUMINOSOS (jueves)

1. El Bautismo de Jesús en el Jordán.

2. La Autorrevelación de Jesús en las bodas de Caná.

3. El anuncio del Reino de Dios invitando a la conversión.

4. La Transfiguración.

5. La institución de la Eucaristía.